토익 기본기 완성   Week **17**

시각자료 문제_표

시각자료 문제로 가장 많이 출제되는 유형입니다. 이 유형 중에서는 가격 목록, 일정표, 건물의 층별 안내 (directory), 명부(사무실 호수/내선번호, 업무 담당자) 등이 골고루 출제되고 있습니다.

문서를 출력할 만한 곳이
이 호텔에 있나요?

저희 비즈니스 센터에서
프린터를 이용하실 수 있어요.

대화를 듣고 층별 안내를 참고해서 남자가 몇 층으로 갈 것인지 맞혀보세요.

M: Excuse me, is there some place in the hotel where I can print some documents? I need to do it right away.

W: You can use a printer at our Business Center.

Mayfield Hotel	
Floor 1	Restaurant
Floor 2	Fitness Center
Floor 3	**Business Center**
Floor 4-10	Guest Rooms

Q. 남자가 가게 될 층?
A. 3층

❶ 대화 단서 잡기: 남자가 문서 출력을 할 수 있는 곳을 묻자 여자가 비즈니스 센터를 알려주고 있어요.
❷ 시각 자료 확인: 층별 안내에서 비즈니스 센터가 몇 층에 있는지 확인하세요.
❸ 정답 확정: 남자가 가게 될 층은 Floor 3

남: 실례합니다, 호텔에 제가 서류를 출력할 만한 곳이 있나요?
    지금 바로 해야 하는데요.
여: 저희 비즈니스 센터에 있는 프린터를 사용하실 수 있습니다.

메이필드 호텔	
1층	식당
2층	피트니스 센터
3층	비즈니스 센터
4층-10층	객실

1 질문을 해석해 보세요.

Q. Look at the graphic. Which course will the man most likely recommend?

2 주어진 시각자료가 무슨 내용인지 파악해 보세요.

Course Title	Time
Communication	4 p.m. – 6 p.m.
Time Management	6 p.m. – 8 p.m.
Mentoring	7 p.m. – 9 p.m.
Motivation	8 p.m. – 10 p.m.

3 대화를 듣고 1번 문제의 힌트에 밑줄을 그어보세요.

M: Which course are you interested in?

W: I'll just sign up for the one that best suits my schedule.

M: Okay. When would you be available?

W: I finish work quite late. So, one that starts at 8 p.m. would be perfect.

4 질문과 선택지를 읽고 정답을 골라보세요.

Q. Look at the graphic. Which course will the man most likely recommend?

(A) Communication
(B) Time Management
(C) Mentoring
(D) Motivation

> **Hint**
>
> 시각자료 문제에서는 선택지를 완벽하게 해석하지 못해도 괜찮아요.
> 대화에서 언급된 내용과 제대로 매칭할 수 있으면 됩니다.
> (D) Motivation이 무슨 뜻인지 모른다 해도 대화 내용과 시각자료를
> 매칭해서 정답 (D)를 골라낼 수 있죠.

정답 및 해설 p. 23

오늘 배운 내용을 바탕으로 연습문제를 풀어 보세요.

Carla's schedule	
Time	**What to do**
08:00-09:00	Morning exercise
09:00-10:00	Gardening
10:00-11:00	Wash the car
11:00-12:00	Go to the grocery store

Factory Management Directory	
Bill Johnson	Room 101
Evelyn Smith	Room 103
Roger Taylor	Room 202
Christine Lee	Room 204

1 What is the man working on?

(A) A sports event
(B) A fundraiser
(C) A company dinner
(D) A music festival

4 What type of event are the speakers discussing?

(A) A staff orientation
(B) A board meeting
(C) A product demonstration
(D) A retirement party

2 What does the man ask the woman to do?

(A) Work at a desk
(B) Review a pamphlet
(C) Contact an office
(D) Buy some products

5 Look at the graphic. Where will the event be held?

(A) Room 101
(B) Room 103
(C) Room 202
(D) Room 204

3 Look at the graphic. Which activity will the woman reschedule?

(A) Morning exercise
(B) Gardening
(C) Wash the car
(D) Go to the grocery store

6 What does the man agree to tell the management team?

(A) The event will start earlier than planned.
(B) The event will be moved to a different room.
(C) The woman will not visit the factory.
(D) The woman apologizes for being late.

Today's VOCA

01 reputation ★★★
뤠퓨테이션 [repjutéiʃən]
옝 평판, 명성

build a **reputation** for excellent service
뛰어난 서비스로 명성을 쌓다

02 available ★★
어붸일러블 [əvéiləbl]
옝 (사람) 시간이 나는, (물건) 구할 수 있는

be **available** to work on weekends
주말에 일할 시간이 나다

03 serve ★★
써ㄹ(브) [səːrv]
옝 서비스를 제공하다, 근무하다, (음식) 제공하다

be **served** after 6 P.M. daily
매일 저녁 6시 이후에 제공되다

04 responsibility ★★
뤼스판서빌러티 [rispánsəbiləti]
옝 책임, 담당 업무, 직무

it is your **responsibility** to do
~하는 것은 귀하의 책임이다

05 updated ★
업데이팃 [əpdéitid]
옝 최신의

the **updated** version of the employee
manual 직원 지침서의 최신 버전
🄿 update 옝 갱신하다 옝 갱신

06 responsible ★★
뤼스판서블 [rispánsəbl]
옝 책임 있는

be **responsible** for marketing planning
마케팅 계획에 책임이 있다

07 priority ★★
프라이오뤼티 [praiɔ́ːriti]
옝 우선 과제, 우선 순위

a top **priority** for our division
우리 부서의 최우선 과제

08 largely ★★
라ㄹ쥘리 [láːrdʒli]
옝 주로, 대체로

due **largely** to the price increases
주로 가격 인상으로 인해
* due to ~때문에, ~로 인해

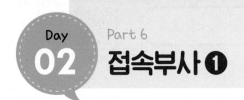

📖 상반 접속부사

앞뒤 문장의 의미가 서로 반대될 때 사용하는 접속부사입니다. 주로 앞에 긍정적인 내용이나 장점을 언급하고, 뒤에 부정석인 언급이나 단점을 나타낼 때 사용됩니다. 또는, 앞서 어떤 것에 대한 동의의 의견을 내고, 뒤 문장에서는 거절의 의사를 표현하는 경우도 있습니다. 상반 접속부사 중 However와 Unfortunately가 가장 많이 출제되니 꼭 알아두어야 합니다.

TIP 정답으로 자주 출제되는 상반 접속부사

- However 그러나, 하지만
- Unfortunately 안타깝게도, 불행히도
- On the other hand 그와 반대로
- Even so 그럴지라도

📋 Example 상반 접속부사 예제

Your magazine is always **full of interesting topics**. -------, I have **no time to read it** and would like to **cancel my subscription**.
귀하의 잡지는 항상 흥미로운 주제들로 가득 차 있습니다. -------, 저는 그것을 읽을 시간이 없어서 제 구독을 취소하고 싶습니다.

(A) In addition 추가로
(B) However 그러나
(C) Therefore 그러므로
(D) For example 예를 들어

이렇게 풀어보세요!

step ❶ 선택지 먼저 보기

선택지를 먼저 봅니다. 선택지가 모두 접속부사로 구성되어 있습니다. 그럼 빈칸에 들어갈 접속부사가 연결할 두 문장의 의미 관계를 파악해야겠죠?

step ❷ 빈칸 앞뒤 문장 해석하기

빈칸 앞뒤 문장을 해석합니다. 완벽하게 해석하려고 하기보다는 핵심 단어를 통해 빠르게 해석하는 것이 더 중요합니다.

[빈칸앞] 너의 잡지는 항상 흥미로운 주제들로 가득해

[빈칸뒤] 나는 잡지 읽을 시간이 없어서 구독 취소하고 싶어

step ❸ 연결 관계로 알맞은 접속부사 고르기

빈칸 앞에서는 잡지에 대한 칭찬이, 빈칸 뒤에는 잡지를 읽을 시간이 없어서 구독을 취소하고 싶다는 요청사항이 나와 있어요. 빈칸 앞 문장과 뒤 문장이 서로 반대되는 내용이니 선택지에서 상반 접속부사인 (B) However을 정답으로 고르면 돼요.

▲ 강의 바로보기

오늘 배운 내용을 바탕으로 연습문제를 풀어 보세요.

1

Starting on May 2, the city of Syracuse will do extensive repair work on several roads. We anticipate that the work will be completed no later than May 18. -------, if there are problems with the weather, it may take longer than we anticipate to complete the repairs.

(A) However

(B) For instance

memo

2

Ms. Clark, the company's marketing director, has resigned from her role here at Amor Consulting. It is an excellent opportunity for her both personally and professionally. -------, we are sincerely disappointed to lose her as a very valuable employee.

(A) Therefore

(B) Even so

Today's VOCA

01 advice ★★
앳봐이스 [ædváis]
몡 조언, 충고

provide timely **advice**
신속한 조언을 제공하다

파 **advise** 통 충고하다

02 challenge ★★
챌린쥐 [tʃǽlindʒ]
몡 도전, 어려움, 난제 통 도전하다

the **challenge** of being a successful artist
성공한 예술가가 되기 위한 도전

파 **challenging** 혱 도전적인, 힘든

03 cooperation ★★
코아퍼뤠이션 [kouapəréiʃən]
몡 협조, 협력, 협동

appreciate the employees' **cooperation**
직원들의 협조에 감사하다

파 **cooperate** 통 협력하다

04 ideally ★★
아이디얼리 [aidí:əli]
뷔 이상적으로, 완벽하게, ~이면 더할 나위 없게

will **ideally** be completed by next Friday
다음 주 금요일까지 완료되면 이상적일 것이다

파 **ideal** 혱 이상적인

05 skillfully ★★
스낄뿰리 [skílfəli]
뷔 능숙하게, 솜씨 있게

perform one's task **skillfully**
직무를 능숙하게 수행하다

06 division ★
디뷔줜 [divíʒən]
몡 부서, (조직) 부, 국

restructure some of its **divisions**
몇몇 부서들을 구조조정하다

07 supervisor ★
수퍼봐이저ㄹ [sú:pərvaizər]
몡 상사, 관리자

report to the **supervisor**
상사에게 보고하다

파 **supervisory** 혱 감독하는

08 deadline ★
뎃(을)라인 [dédlain]
몡 마감일, 기한

meet the **deadline**
마감일을 지키다

시각자료 문제_지도

▲ MP3 바로듣기 ▲ 강의 바로보기

지도나 약도는 표 다음으로 자주 출제되는 유형입니다. 특정 위치를 찾아야 하는 유형이므로 지도나 평면도가 시각자료로 제시되면 대화 중에 결정적인 단서가 되는 위치나 방향 관련 표현에 반드시 집중해야 합니다.

전 딱히 선호하는 데가 없어요. 추천해 주시겠어요?

직원 휴게실과 비품실 사이에 있는 사무실 어때요?

대화를 듣고 약도를 참고해서 여자가 추천하는 사무실이 어디인지 맞혀 보세요.

M: Well, I have no preference. Any recommendations?

W: How about **the office between the employee lounge and the supply room?**

Meeting Room	Office 1	Kitchen	Office 2
Office 4	Employee Lounge	Office 3	Supply Room

⋯⋯ Q. 여자가 추천하는 사무실?
A. 3번 사무실

❶ 대화 단서 잡기: 여자가 employee lounge와 supply room 사이에 있는 사무실을 권하고 있어요.
❷ 시각 자료 확인: 약도에서 employee lounge와 supply room을 찾아보세요.
❸ 정답 확정: 여자가 추천하는 사무실은 Office 3

남: 음, 전 딱히 선호하는 데가 없어요. 추천하실 만한 곳이
    있나요?
여: 직원 휴게실과 비품실 사이에 있는 사무실이 어떠세요?

회의실	사무실 1	주방	사무실 2
사무실 4	직원 휴게실	사무실 3	비품실

■ 위치관계 묘사 표현 익히기

시각자료로 지도나 약도가 제시되는 문제를 잘 풀기 위해서는 위치나 방향 관련 표현을 잘 알고 있어야 합니다.

- go straight 직진하다
- next to ~의 바로 옆에
- at the end of ~의 끝에
- in front of ~의 앞에
- between A and B A와 B 사이에

- turn left 좌회전하다
- on[to] one's left ~의 왼쪽에
- (right) across from ~의 (바로) 맞은편에
- on the other side of ~의 반대편에
- first door by the entrance 출입구 옆 첫 번째 문

Quiz

1 질문을 읽고 무엇을 묻는 문제인지 파악하세요.

Q. Look at the graphic. Which location is the woman mentioning?

2 주어진 시각자료를 파악해 보세요.

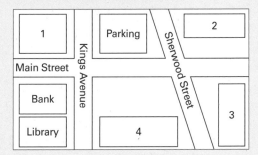

3 대화를 듣고 1번 문제의 힌트에 밑줄을 그어보세요.

> **W:** Hello, this is Annie from First Realty. I just found a really good property for your new café.
> **M:** That's fantastic. Where is it located?
> **W:** It's right across from the library, on Kings Avenue.

4 질문과 선택지를 읽고 정답을 골라보세요.

Q. Look at the graphic. Which location is the woman mentioning?

(A) Location 1 (B) Location 2
(C) Location 3 (D) Location 4

Hint
대화를 들을 때 시선은 지도/약도에 두고 듣는 것이 좋습니다.
대화에서 위치관계 표현이 나오면 재빨리 지도에 표시를 해 두세요.

│ 정답 및 해설 p. 25

Practice

│ 정답 및 해설 p. 26

▲ MP3 바로듣기　▲ 강의 바로보기

오늘 배운 내용을 바탕으로 연습문제를 풀어 보세요.

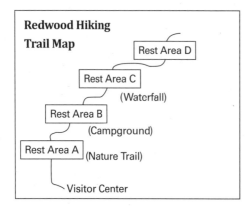

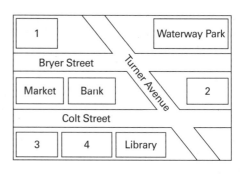

1 What are the speakers concerned about?

    (A) Arriving late for a tour
    (B) Hiking in the dark
    (C) Running out of food
    (D) Avoiding wild animals

2 Look at the graphic. Which rest area does the man suggest stopping at?

    (A) Rest Area A
    (B) Rest Area B
    (C) Rest Area C
    (D) Rest Area D

3 What does the man say he plans to do?

    (A) Cook some food
    (B) Take some pictures
    (C) Join a tour group
    (D) Set up a tent

4 Where do the speakers most likely work?

    (A) An interior design firm
    (B) A publishing company
    (C) An art gallery
    (D) A bookstore

5 Look at the graphic. Which building will the speakers go to on Friday?

    (A) Building 1
    (B) Building 2
    (C) Building 3
    (D) Building 4

6 What does the man offer to do?

    (A) Change a contract
    (B) Reschedule a meeting
    (C) Give the woman a ride
    (D) Contact a colleague

Today's VOCA

01 supervision

수-퍼ㄹ**뷔**전 [suːpərvíʒən]

명 관리, 감독, 지휘

receive close **supervision** from their seniors 선배들로부터 세심한 관리를 받다

파 **supervise** 통 감독하다

02 assist

어**씨**스(트) [əsíst]

동 돕다

the employees assigned to **assist** you
당신을 돕도록 배정된 직원들

03 colleague

칼리익 [káliːg]

명 동료

consult a **colleague**
동료와 상담하다

04 administrative

엇미니스트**뤠**이팁 [ədmínəstreitiv]

형 행정의, 관리의

administrative positions 행정직

파 **administer** 통 관리하다, 집행하다

05 monitor

마니터ㄹ [mánitər]

동 관찰하다, 주시하다

closely **monitor** the progress
진행 상황을 면밀하게 관찰하다

06 assign

어**싸**인 [əsáin]

동 배정하다, 할당하다

be **assigned** a task to perform
수행할 업무를 배정받다

파 **assignment** 명 할당(된 것), 배정(된 것)

07 flexibility

쁠렉서**빌**러티 [fleksəbíləti]

명 융통성, 유연성, 재량

offer employees greater **flexibility** in -ing
~함에 있어 직원들에게 더 큰 재량을 부여하다

파 **flexible** 형 유연한, 융통성 있는

08 exactly

익**잭**(틀)리 [igzǽktli]

부 정확하게, 엄밀하게

exactly fifty attendees
정확하게 50명의 참가자들

파 **exact** 형 정확한

접속부사 ❷

📖 인과 접속부사

접속부사가 들어갈 빈칸 앞뒤의 문장이 각각 원인과 결과 또는 주장에 대한 근거 및 결론이 관계일 때 인과 관계를 나타내는 접속부사를 사용합니다. 또한, 문제점이 먼저 언급되고 그 뒤에 해결책을 제시하는 문맥에도 사용됩니다. 인과 접속부사 중에서는 Therefore와 As a result가 자주 출제되므로 꼭 알아두어야 합니다.

TIP 정답으로 자주 출제되는 인과 접속부사

- **Therefore** 그러므로, 따라서
- **As a result** 그 결과
- **For that[this] reason** 그러한 이유로

- **Accordingly** 그에 맞춰, 그러한 이유로
- **Thus** 그래서, 그리하여

📝 Example \ 인과 접속부사 예제

We **have found some technical problems.** -------, **our Web site will be shut down temporarily** for urgent maintenance.
저희는 약간의 기술적 문제점들을 발견했습니다. -------, 저희 웹사이트가 긴급 보수를 위해 일시적으로 폐쇄될 것입니다.

(A) However 그러나
(B) Additionally 추가로
(C) Therefore 그러므로
(D) For example 예를 들어

이렇게 풀어보세요!

step ❶ 선택지 먼저 보기

선택지를 먼저 봅니다. 선택지가 모두 접속부사로 구성되어 있습니다. 그럼 빈칸에 들어갈 접속부사가 연결할 두 문장의 의미 관계를 파악해야겠죠?

step ❷ 빈칸 앞뒤 문장 해석하기

빈칸 앞뒤 문장을 해석합니다. 완벽하게 해석하려고 하기보다는 핵심 단어를 통해 빠르게 해석하는 것이 더 중요합니다.

> 빈칸앞 기술적 문제들을 발견함
> 빈칸뒤 웹사이트가 잠시 폐쇄될 것임

step ❸ 연결 관계로 알맞은 접속부사 고르기

빈칸 앞에서는 기술적 문제점들을 발견했다는 내용이, 빈칸 뒤에는 긴급 보수를 위해 웹사이트를 잠시 폐쇄한다는 내용이 있어요. 빈칸 앞 문장과 뒤 문장이 원인과 결과라는 관계를 가지고 있으니 선택지에서 인과 접속부사인 **(C)Therefore**를 정답으로 고르면 돼요.

문제 발견!

Therefore,
사이트 일단 폐쇄.

꿀팁

상반 접속부사와 인과 접속부사 외에도 여러 종류의 접속부사들이 있습니다. 예를 들어, 동일한 성격을 가진 두 개의 문장이 나열될 때는 추가 접속부사를 사용합니다. 토익에 잘 나오는 추가 접속부사로는 In addition(덧붙여), Also(또한), In fact(사실은), Furthermore(게다가), Additionally(추가로)가 있습니다.

오늘 배운 내용을 바탕으로 연습문제를 풀어 보세요.

1

Originally, the annual awards banquet was scheduled for July 21, but the director thought this date might interfere with some employees' holiday plans. -------, it has been moved to July 8, and all of the food and supply orders must be in no later than June 29.

(A) Also　　　　　　(B) Therefore

memo

2

I'm sure you are all aware that public relations director Dale Anderson is temporarily transferring to our new branch to help with staff training. -------, three senior staff members in the PR department have been selected to assume most of Mr. Anderson's responsibilities until he returns.

(A) Unfortunately　　　(B) Accordingly

Today's VOCA

01 notable ★
노우터블 [nóutəbl]
형 유명한, 주목할 만한, 훌륭한

be **notable** for
~로 유명하다

파 **note** 동 주목하다 명 주의, 주목

02 task ★
태스크 [tæsk]
명 업무, 직무

the **task** of gathering consumer data
소비자 데이터를 수집하는 업무

03 difficulty ★
디쀠컬티 [dífikʌlti]
명 어려움, 곤란, 난관, 곤경

have **difficulty** attracting new clients
신규 고객을 유치하는 데 어려움이 있다

파 **difficult** 형 어려운, 곤란한, 고된

04 official ★
어쀠셜 [əfíʃəl]
형 공식적인, 공무상의 명 공무원

submit an **official** request
공식적인 요청서를 제출하다

파 **officially** 부 공식적으로

05 throughout ★★★★★
쓰루아웃 [θru:áut]
전 도처에(장소), ~동안 내내(기간)

cause traffic delays **throughout** the downtown area
시내 전역에 걸쳐 교통 체증을 야기하다

06 following ★★★
쁠로우잉 [fálouiŋ]
전 ~ 이후에 형 다음의, 뒤따르는

following the upgrade
업그레이드가 끝난 이후에

07 recently ★★★
뤼슨(틀)-리 [rí:sntli]
부 최근에

has **recently** been updated
최근에 업데이트되었다

파 **recent** 형 최근의

08 easily ★★★
이질리 [íːzili]
부 쉽게, 수월하게

can **easily** enroll online
온라인으로 쉽게 등록할 수 있다

파 **easy** 형 쉬운, 수월한

DAY 04

Part 6 접속부사 ②

VOCA

● 단어와 그에 알맞은 뜻을 연결해 보세요.

1　cooperation　　•　　　• (A)　우선 과제, 우선 순위

2　flexibility　　•　　　• (B)　협조, 협력, 협동

3　priority　　•　　　• (C)　유연성, 융통성, 재량

● 다음 빈칸에 알맞은 단어를 선택하세요.

4　build a ------- for excellent service
　뛰어난 서비스로 명성을 쌓다

5　meet the -------
　마감일을 지키다

6　have ------- attracting new clients
　신규 고객을 유치하는 데 어려움이 있다

> (A) difficulty
> (B) deadline
> (C) reputation

● 실전 문제에 도전해 보세요.

7　Passengers should note that City Railway is not ------- for any lost belongings.

(A) responsible　　　(B) available
(C) official　　　(D) skillful

8　------- the three-month trial period, most new employees are offered permanent positions.

(A) Due to　　　(B) Challenging
(C) Throughout　　　(D) Following

한 주 동안 학습한 내용을 적용하여 기출변형 문제들을 풀어 보세요.

▲ MP3 바로듣기   ▲ 강의 바로보기

Waverley Industrial Park Tenants	
Easton Technology	12 Smith Avenue
Parker Enterprises	25 Royal Road
Sysco Electronics	10 Finley Street
Aristo Systems Inc.	22 Dawson Avenue

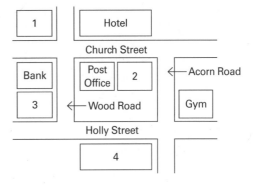

DAY 05

Weekly Test

1 Where does the woman work?

(A) At a design company
(B) At a dry cleaner
(C) At a department store
(D) At a moving company

4 Where do the speakers most likely work?

(A) At a marketing company
(B) At a real estate agency
(C) At a software developer
(D) At an interior design firm

2 Why does the woman apologize?

(A) A service is no longer provided.
(B) A discount coupon has expired.
(C) A cost was listed incorrectly.
(D) An item was damaged.

5 Look at the graphic. Which building will the speakers go to on Wednesday?

(A) Building 1
(B) Building 2
(C) Building 3
(D) Building 4

3 Look at the graphic. Which company does the man most likely work for?

(A) Easton Technology
(B) Parker Enterprises
(C) Sysco Electronics
(D) Aristo Systems Inc.

6 What does the man offer to do?

(A) Conduct some interviews
(B) Order some supplies
(C) Prepare a presentation
(D) Reschedule a meeting

한 주 동안 학습한 내용을 적용하여 기출변형 문제들을 풀어 보세요.

▲ 강의 바로보기

Questions 1-4 refer to the following letter.

Dear Ms. Banner,

Unfortunately, as of July 1, Sporran Packaging will be closing its office in your area. Our sales have steadily decreased, and it is unprofitable for us to continue operating in the area. ❶ -------, we have chosen to focus on our business in other areas.

I'd like to recommend Bertram Packaging as an ❷ -------. Bertram provides serving boxes to many restaurants near you at ❸ ------- prices.

Its products are renowned for being sturdy and reliable. We wish you success with your sandwich shop. ❹ -------.

Sincerely,

Gregory Fisher
Sporran Packaging

1 (A) Therefore
   (B) However
   (C) For instance
   (D) Yet

2 (A) alternate
   (B) alternative
   (C) alternatively
   (D) alternating

3 (A) potential
   (B) accurate
   (C) delighted
   (D) reasonable

4 (A) We hope you reconsider your decision.
   (B) We will send you some samples.
   (C) We have been grateful to have you as a client.
   (D) We'd be happy to offer you a price estimate.

Questions 5-8 refer to the following e-mail.

To: Jim Gordon
From: Pam Davis
Subject: Your Inquiry

Dear Mr. Gordon,

I would like to thank you for expressing your desire to be a writer for our magazine.
5 -------. I am also familiar with your work since I have read your column in Modern
Architecture. **6** -------, we are not doing any hiring at the moment. We often hire writers
on a freelance basis, and you are someone whose work we would love to print. Just
remember that we typically **7** ------- short articles that focus on the lifestyle and culture of
the southeastern part of the country.

I look forward to **8** ------- from you in the future.

Sincerely,

Pam Davis

---

5 (A) I thought that your writing samples
        were impressive.
   (B) The interview is scheduled on
        December 12.
   (C) We are seeking a creative columnist.
   (D) The number of our subscribers is
        more than 12,000.

7 (A) recruit
   (B) sign
   (C) inform
   (D) publish

6 (A) Likewise
   (B) However
   (C) In addition
   (D) As a result

8 (A) hear
   (B) hearing
   (C) to hear
   (D) heard

Week 17

Week **17**
정답 및 해설

Day 01 시각자료 문제_표

Quiz

M: Which course are you interested in?

W: I'll just sign up for the one that best suits my schedule.

M: Okay. When would you be available?

W: I finish work quite late. So, one that starts at 8 p.m. would be perfect.

남: 어느 강좌에 관심이 있으신가요?

여: 그저 제 일정에 가장 잘 맞는 것에 등록하려고요.

남: 좋습니다. 언제 시간이 나시나요?

여: 저는 일이 꽤 늦게 끝나요. 그래서, 오후 8시에 시작하는 것이면 완벽할 거예요.

강좌 제목	시간
의사소통	오후 4시 – 오후 6시
시간 관리	오후 6시 – 오후 8시
멘토링	오후 7시 – 오후 9시
동기 부여	오후 8시 – 오후 10시

Q. 시각자료를 보시오. 남자는 어느 강좌를 추천할 것 같은가?
(A) 의사소통
(B) 시간 관리
(C) 멘토링
(D) 동기 부여

정답 (D)
어휘 course 강좌 sign up for ~에 등록하다, ~을 신청하다 suit ~에 맞다, 적합하다 available (사람이) 시간이 나는 quite 꽤, 상당히 perfect 완벽한

Practice

1. (A)	2. (A)	3. (B)	4. (C)	5. (C)
6. (D)				

Questions 1-3 refer to the following conversation and schedule.

M: Good morning, Carla. **1** I'm working on the volunteer schedule for a local running event, but something has come up.

W: What's the problem?

M: Well, **2** Martha and I were supposed to be at the registration desk from 9 to 10, but she can't come. So, **2** I need someone else to help me out for that hour. Would you be available on Saturday morning?

W: Let me check my planner. Hmm... Sure, I can do it. **3** I have something else scheduled at 9, but I can do it another time.

남: 안녕하세요, 칼라 씨. 제가 지역 달리기 대회에 필요한 자원 봉사자 일정 작업을 하고 있는데, 일이 생겼어요.

여: 무엇이 문제인가요?

남: 저, 마사 씨와 제가 9시부터 10시까지 등록 접수처에 있을 예정이었는데, 마사 씨가 올 수 없대요. 그래서 그 시간에 절 도와줄 다른 누군가가 필요해요. 토요일 아침에 시간이 되세요?

여: 제 일정표를 확인해 볼게요. 흠… 좋아요, 할 수 있어요. 제가 9시에 예정된 다른 일이 있긴 한데, 그걸 다른 시간에 할 수 있어요.

칼라의 일정	
시간	할 일
08:00-09:00	아침 운동
09:00-10:00	정원 손질
10:00-11:00	세차
11:00-12:00	식료품점 가기

어휘 work on ~에 대한 작업을 하다, 일을 하다 volunteer 자원 봉사자 local 지역의, 현지의 running event 달리기 대회 come up 생겨나다, 발생되다 be supposed to do ~할 예정이다, ~하기로 되어 있다 registration desk 등록 접수처 someone else 다른 누군가 help A out: A를 돕다 available (사람이) 시간이 나는 Let me do (제가) ~해 보겠습니다 planner 일정표, 계획표 have A scheduled: A가 예정되어 있다 another time 다른 시간에 what to do 할 일 exercise 운동 gardening 정원 손질, 정원 가꾸기 grocery store 식료품점

1. 남자는 무엇에 대한 일을 하고 있는가?
(A) 스포츠 행사
(B) 기금 마련 행사
(C) 회사 회식
(D) 음악 축제

정답 (A)
해설 대화를 시작하면서 남자가 지역 달리기 대회에 필요한 자원 봉사자 일정 작업을 하고 있다(I'm working on the

volunteer schedule for a local running event, ~)고 말하고 있다. 달리기 대회는 스포츠 행사의 하나이므로 (A)가 정답이다.

어휘 **fundraiser** 기금 마련 행사, 모금 행사

Paraphrase running event → sports event

2. 남자는 여자에게 무엇을 하도록 요청하는가?
(A) 접수처에서 일하는 일
(B) 안내 책자를 검토하는 일
(C) 사무실에 연락하는 일
(D) 일부 제품을 구입하는 일

정답 (A)

해설 남자는 등록 접수처(registration desk)에서 함께 일하기로 했던 마사가 오지 못한다는 사실과 함께 자신을 도와줄 다른 누군가가 필요하다며 여자에게 토요일 오전에 시간이 되는지 묻고(I need someone else to help me out ~ Would you be available on Saturday morning?) 있다. 이는 토요일 오전에 마사 대신 등록 접수처에서 일해 달라고 요청하는 것과 같으므로 (A)가 정답이다.

어휘 **review** ~을 검토하다, 살펴보다 **pamphlet** 안내 책자, 소책자 **contact** ~에게 연락하다

3. 시각자료를 보시오. 여자는 어느 활동의 일정을 재조정할 것인가?
(A) 아침 운동
(B) 정원 손질
(C) 세차
(D) 식료품점 가기

정답 (B)

해설 대화 마지막 부분에 여자가 9시에 예정된 일이 있기는 하지만 다른 시간에 할 수 있다(I have something else scheduled at 9, but I can do it another time)고 알리는 것으로 일정을 재조정할 것임을 언급하고 있다. 시각자료에서 9시로 예정된 일이 'Gardening'이므로 (B)가 정답이다.

어휘 **activity** 활동 **reschedule** ~의 일정을 재조정하다

Questions 4-6 refer to the following conversation and factory directory.

> W: Hi, this is Annie Holden speaking.
>
> M: Hi, Annie. This is Tom. I just arrived at the factory, but **4** I don't know where I'm supposed to go to demonstrate our product to the factory management.
>
> W: I'll be there in about 30 minutes. But I'm pretty sure **5** we are supposed to show our product to Roger Taylor in his room.

M: Oh, that's right. I see it here on the factory directory.

W: Great. By the way, **6** can you tell the management team that I'm sorry for being late? I'm stuck in really bad traffic.

M: **6** No problem. I'll let them know.

....

여: 안녕하세요, 저는 애니 홀든입니다.

남: 안녕하세요, 애니 씨. 저는 톰입니다. 제가 막 공장에 도착했는데요, 공장 관리팀에 저희 제품을 시연하러 어디로 가야 할지 모르겠어요.

여: 전 약 30분 후에 도착할 거예요. 하지만 우리가 로저 테일러 씨에게 그의 방에서 우리의 제품을 보여 드리기로 했다는 건 확실해요.

남: 아, 맞아요. 여기 공장 안내판에서 보여요.

여: 좋아요. 그런데, 관리팀에게 제가 늦어서 죄송하다고 말해줄 수 있나요? 정말 심한 교통 체증에 갇혀 있어요.

남: 문제 없어요. 제가 그들에게 알려 줄게요.

공장 관리팀 안내판	
빌 존슨	101호
에블린 스미스	103호
로저 테일러	202호
크리스틴 리	204호

어휘 **be supposed to do** ~하기로 되어 있다, ~할 예정이다 **demonstrate** ~을 시연하다, ~을 보여주다 **product** 제품 **management** 관리진, 경영진 **pretty** 꽤, 아주 **show** ~을 보여주다 **directory** (건물의) 안내판 **by the way** 그건 그렇고, 그런데 **be stuck in** ~에 갇히다, ~에서 꼼짝하지 못하다 **traffic** 교통 체증 **let A know** A에게 알리다

4. 화자들은 어떤 종류의 행사에 대해 이야기하고 있는가?
(A) 직원 오리엔테이션
(B) 이사회 회의
(C) 제품 시연
(D) 은퇴 파티

정답 (C)

해설 대화 초반에 남자가 공장에 도착했다고 알리면서 공장에 온 목적을 언급한다. 남자가 공장 관리팀에게 제품을 시연하러 어디로 가야 할지 모르겠다(I don't know where I'm supposed to go to demonstrate our product to the factory management)고 말하는 부분을 통해 화자들이 제품 시연 행사에 대해 이야기하고 있음을 알 수 있다. 따라서 (C)가 정답이다.

어휘 staff 직원 orientation 오리엔테이션, 예비 교육 board meeting 이사회 회의 demonstration 시연, 설명 retirement 은퇴

5. 시각 자료를 보시오. 행사는 어디서 열릴 것인가?
(A) 101호
(B) 103호
(C) 202호
(D) 204호

정답 (C)

해설 대화 중반부에서 여자는 제품 시연을 하는 장소에 대해 남자에게 설명하면서 로저 테일러 씨의 방에서 제품을 시연하기로 했다(we are supposed to show our product to Roger Taylor in his room)고 말한다. 이를 통해 제품 시연 행사가 로저 테일러 씨가 있는 곳에서 열릴 것임을 알 수 있고, 공장 안내판에서 로저 테일러 씨의 방은 202호라는 것을 확인할 수 있다. 따라서 (C)가 정답이다.

어휘 hold (행사 등을) 열다, 개최하다

6. 남자는 관리팀에게 무엇을 말하기로 동의하는가?
(A) 행사가 계획된 것보다 더 일찍 시작할 것이다.
(B) 행사가 다른 방으로 옮겨질 것이다.
(C) 여자가 공장을 방문하지 않을 것이다.
(D) 여자가 늦는 것에 대해 사과한다.

정답 (D)

해설 대화 마지막 부분에서 남자는 No problem이라는 말로 여자의 말에 동의하였는데, 남자가 말하기 전에 여자가 요청한 것은 자신이 늦는 것에 대해 관리팀에 말해주는 것(tell the management team that I'm sorry for being late)이었다. 따라서 남자는 여자가 늦는 것에 대해 사과의 말을 관리팀에 말하는 것에 동의한 것이므로 (D)가 정답이다.

어휘 agree to do ~하기로 동의하다, ~하는 것에 대해 합의하다 earlier 더 일찍 than planned 계획된 것보다 apologize for ~에 대해 사과하다

Paraphrase I'm sorry for being late
→ The woman apologizes for being late.

Day 02 접속부사 ❶

Practice

1. (A)   **2.** (B)

1.

> 5월 2일부터, 시라큐스 시는 몇몇 도로들에 대해 대대적인 수리 공사를 실시할 예정입니다. 늦어도 5월 18일까지는 작업이 완료될 것으로 예상합니다. 하지만, 만약 기상이 악화되면, 수리를 완료하는 데 예상보다 시간이 더 걸릴 수도 있습니다.

정답 (A)

해설 빈칸 앞 문장에서는 예상되는 공사 일정을 말하고 있고, 빈칸 뒤 문장에서는 공사 일정이 늦어질 수도 있다고 상반된 내용이 언급되고 있으므로 상반 접속부사 (A) However이 정답이다.

어휘 starting ~부터 extensive 대대적인 repair 수리 anticipate that ~라고 예상하다 complete ~을 완료하다 no later than 늦어도 ~까지는 problem 문제 weather 기상 take longer 시간이 더 걸리다 however 하지만 for instance 예를 들어

2.

> 회사의 마케팅 책임자인 클락 씨가 우리 아모르 컨설팅 사에서 사임하였습니다. 이는 그분에게 개인적으로나 직업상으로도 모두 훌륭한 기회입니다. 그럴지라도, 저희는 매우 소중한 직원인 클락 씨를 잃게 되어 진심으로 안타깝습니다.

정답 (B)

해설 빈칸 앞 문장에서 클락 씨에게 좋은 기회라고 인정하면서도, 빈칸 뒤엔 직원으로 클락 씨를 잃은 것에 대한 실망감을 나타내고 있으므로 상반 접속부사 (B) Even so가 정답이다.

어휘 director 책임자 resign 사임하다 excellent 훌륭한 opportunity 기회 both A and B A와 B 모두 personally 개인적으로 professionally 직업상으로 sincerely 진심으로 disappointed 안타까운 lose ~을 잃어버리다 valuable 소중한 employee 직원 therefore 그래서 even so 그럴지라도

Day 03 시각자료 문제_지도

Quiz

> **W:** Hello, this is Annie from First Realty. I just found a really good property for your new café.
>
> **M:** That's fantastic. Where is it located?
>
> **W:** It's right across from the library, on Kings Avenue.

여: 안녕하세요, 저는 퍼스트 부동산의 애니입니다. 당신의 새 카페를 위한 정말 좋은 건물을 방금 찾았어요.

남: 정말 잘됐군요. 어디에 위치해 있나요?

여: 도서관 바로 건너편 킹스 애비뉴에 있어요.

Q. 시각자료를 보시오. 여자가 말하는 곳은 어디인가?
(A) 위치 1
(B) 위치 2
(C) 위치 3
(D) 위치 4

정답 (D)

어휘 realty 부동산 property 건물, 부동산 be located 위치하다

Practice

1. (C)	2. (B)	3. (B)	4. (B)	5. (A)
6. (C)				

Questions 1-3 refer to the following conversation and map.

M: Barbara, this is going to be a pretty long hike. **1** I'm a little worried we didn't bring enough food and water. Hopefully we can pick some things up on our way up the mountain.

W: That would be a good idea. We'll be miserable if we run out of snacks and drinks.

M: **2** Why don't we stop at the second rest area after the visitor center then? It's near the campground.

W: Great idea! We can stop there and eat some snacks.

M: **3** I'll use that break time to try out my new camera, too. Hopefully I can get some nice shots of the mountain.

남: 바바라 씨, 꽤 긴 하이킹이 될 거예요. 저는 우리가 충분한 음식과 물을 가져오지 않은 것 같아 조금 걱정이네요. 산으로 올라가는 길에 어떤 것들을 얻을 수 있길 바라요.

여: 좋은 생각인 것 같아요. 스낵과 음료가 떨어지면 우린 비참할 거예요.

남: 관광 안내소 다음에 두 번째 휴게소에서 잠시 멈추는 게 어때요? 야영장 근처에 있네요.

여: 좋은 생각이에요! 거기서 멈춰서 간식을 좀 먹을 수 있어요.

남: 전 그 휴식 시간을 이용해서 제 새로운 카메라를 테스트 해 볼게요. 제가 산의 멋진 사진을 찍을 수 있으면 좋겠어요.

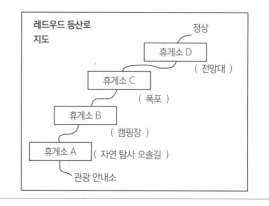

어휘 be going to be ~일 것이다 pretty 꽤 a little 약간, 조금 worried 걱정하는 bring ~을 가져오다 hopefully 바라건대, ~하길 바라다 pick up ~을 얻다, 획득하다 on one's way ~로 가는 길에 miserable 비참한 run out of ~가 다 떨어지다, ~을 다 써버리다 rest area 휴게소 visitor center 관광 안내소 break time 휴식 시간 try out ~을 테스트해 보다, 시험삼아 해 보다 hiking trail 등산로 campground 캠핑장 waterfall 폭포 viewing deck 전망대 summit 정상

1. 화자들은 무엇에 대해 걱정하는가?
(A) 투어에 늦게 도착하는 것
(B) 어둠 속에서 하이킹하는 것
(C) 음식이 다 떨어지는 것
(D) 야생 동물을 피하는 것

정답 (C)

해설 대화를 시작하면서 남자는 조금 걱정된다(I'm a little worried)고 하면서 걱정하는 것이 무엇인지 말한다. 이를 통해 남자가 충분한 음식과 물을 가지고 오지 않았다(we didn't bring enough food and water)는 것을 걱정하고 있다는 것을 알 수 있으므로 (C)가 정답이다.

어휘 be concerned about ~에 대해 걱정하다 late for ~에 늦다 run out of ~가 다 떨어지다, ~을 다 써버리다 wild animal 야생 동물

2. 시각자료를 보시오. 남자는 어느 휴게소에서 멈추기를 제안하는가?
(A) 휴게소 A
(B) 휴게소 B
(C) 휴게소 C
(D) 휴게소 D

정답 (B)

해설 남자는 관광 안내소 다음 두 번째 휴게소에서 멈출 것을 제안하고(Why don't we stop at the second rest area after the visitor center then? It's near the campground) 있다. 지도에서 해당 지점을 찾아보면 'Rest Area B'이므로 (B)가 정답이다.

3. 남자는 무엇을 할 계획이라고 말하는가?
(A) 음식을 요리하는 일
(B) 사진을 찍는 일
(C) 단체 투어에 합류하는 일
(D) 텐트를 설치하는 일

정답 (B)

해설 대화 마지막 부분에 남자가 두 번째 휴게소에서 멈춰 휴식 시간을 가질 때 자신은 새로 산 카메라를 테스트해 보겠다(I'll use that break time to try out my new camera)고 말한다. 또한 자신이 산의 멋진 사진을 찍길 바란다는 말로 미루어 보아 남자는 사진을 찍을 계획임을 알 수 있다. 따라서 (B)가 정답이다.

어휘 cook ~을 요리하다 take a picture 사진을 찍다 join ~에 합류하다, ~을 함께 하다 set up ~을 설치하다

Questions 4-6 refer to the following conversation and map.

M: Hello, Krista, this is Mark. I'm calling because the writer, Sam Cooper, wants to discuss some details with us.

W: Oh, yeah. He didn't like **4** our cover design for his new book that we are publishing.

M: That's right. He said he's available anytime **5** on Friday afternoon, so I told him we would meet him at Strand Café. It's on Bryer Street, across from the market.

W: Sure, I've been there before. But, I just remembered that my car will be at the repair shop that day.

M: No problem. **6** You can ride with me from the office.

⋯⋯⋯⋯⋯⋯⋯⋯⋯⋯⋯⋯⋯⋯⋯⋯⋯⋯⋯⋯⋯⋯⋯⋯⋯

남: 안녕하세요, 크리스타 씨, 저는 마크입니다. 제가 전화 드리는 이유는 작가 샘 쿠퍼 씨가 우리와 몇 가지 세부 사항을 논의하고 싶어 하시기 때문입니다.

여: 아, 네. 그분께서는 우리가 출판할 그분의 새 책에 대한 표지 디자인을 마음에 들어 하지 않으셨죠.

남: 맞습니다. 그분께서 금요일 오후에 언제든지 시간이 되신다고 말씀해 주셨기 때문에, 스트랜드 카페에서 뵙자고 말씀 드렸습니다. 브라이어 스트리트에 있는 곳인데, 시장 맞은편입니다.

여: 좋아요, 전에 그곳에 가본 적이 있어요. 하지만, 제 차가 그날 수리소에 있을 거라는 사실이 막 기억났어요.

남: 괜찮아요. 사무실에서 저와 함께 차를 타고 가시면 됩니다.

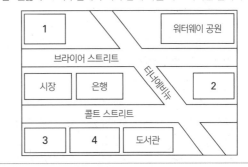

어휘 details 세부 사항, 상세 정보 cover (책 등의) 표지 publish ~을 출판하다, 발간하다 available (사람이) 시간이 나는 anytime 언제든지 tell A (that) + 절: A에게 ~라고 말하다 across from ~ 맞은편에, 건너편에 remember that ~라는 점을 기억하다 repair 수리 ride (자동차 등을) 타고 가다

4. 화자들은 어디에서 일하겠는가?
(A) 인테리어 디자인 업체
(B) 출판사
(C) 미술관
(D) 서점

정답 (B)

해설 화자들의 근무 장소를 묻는 문제이므로 업체 이름이나 특정 업무, 서비스 관련 정보를 찾아야 한다. 대화 초반부에 여자가 소속 회사를 our과 we로 지칭하여, 우리가 출판할 그의 새 책에 대한 표지 디자인(our cover design for his new book that we are publishing)이라고 말하는 부분에서 단서를 찾을 수 있다. 소속 회사에서 책을 출판한다고 말하고 있으므로 '출판사'를 의미하는 (B)가 정답이다.

어휘 firm 업체, 회사 publishing n. 출판, 발행

5. 시각자료를 보시오. 화자들은 금요일에 어느 건물로 갈 것인가?

(A) 건물 1
(B) 건물 2
(C) 건물 3
(D) 건물 4

정답 (A)

해설 대화 중반부에 금요일을 언급하면서 금요일에 만날 곳으로 '스트랜드 카페'를 말하고 있으며, 그 위치가 브라이어 스트리트에 있는 시장 맞은편(~ on Friday afternoon, ~ meet him at Strand Café. It's on Bryer Street, across from the market)이라고 알리고 있다. 시각자료에서 브라이어 스트리트의 시장 맞은편이 '1번 건물'이므로 (A)가 정답이다.

6. 남자는 무엇을 하겠다고 제안하는가?

(A) 계약서를 변경하는 일
(B) 회의 일정을 재조정하는 일
(C) 여자를 차로 태워주는 일
(D) 동료 직원에게 연락하는 일

정답 (C)

해설 남자가 제안하는 일을 묻고 있으므로 남자의 말에서 제안 표현과 함께 언급되는 단서를 찾아야 한다. 대화 맨 마지막에 남자가 사무실에서 자신과 함께 차를 타고 가면 된다(You can ride with me from the office)고 제안하고 있는데, 이는 차로 태워주겠다는 뜻이므로 (C)가 정답이다.

어휘 **offer to do** ~하겠다고 제안하다 **contract** 계약(서) **reschedule** ~의 일정을 재조정하다 **give A a ride**: A를 차로 태워주다 **contact** ~에게 연락하다 **colleague** 동료 직원

Paraphrase ride with me → Give the woman a ride

Day 04 접속부사 ❷

Practice

1. (B)	2. (B)

1.

원래, 연례 시상식 연회는 7월 21일로 예정되어 있었지만, 이사님께서 이 날짜가 몇몇 분들의 휴가 계획을 방해할 것 같다고 생각하셨습니다. 따라서, 그 행사가 7월 8일로 옮겨졌으며, 모든 음식과 물품주문은 늦어도 6월 29일까지 이루어져야 합니다.

정답 (B)

해설 빈칸 앞에는 예정된 일정이 직원들의 휴가계획을 방해할 지도 모른다는 우려가 원인으로 제시되고, 빈칸 뒤는 그로 인한 날짜 변경의 결과를 나타내고 있으므로 인과 접속부사 (B) Therefore가 정답이다.

어휘 **originally** 원래 **annual** 연례의 **awards** 시상식 **banquet** 연회 **be scheduled for + 날짜** ~로 예정되어 있다 **director** 이사 **interfere with** ~을 방해하다 **holiday** 휴가 **plan** 계획 **move** 옮기다 **supply** 물품 **order** 주문 **no later than** 늦어도 ~까지는 **also** 또한 **therefore** 따라서

2.

홍보이사 데일 엔더슨 씨가 직원 교육을 돕기 위해 우리의 새 지점으로 임시로 전근을 간다는 사실을 모두 알고 있을 것이라고 확신합니다. 그에 따라, 앤더슨 씨가 돌아오실 때까지 그분의 책무 대부분을 맡도록 홍보부에서 세 명의 선임 직원이 선정되었습니다.

정답 (B)

해설 빈칸 앞 문장에서는 홍보이사가 잠시 자리를 비운다는 내용이 언급되고, 빈칸 뒤는 세 명의 대체 직원들이 선정되었다는 결과를 말하고 있으므로 인과 접속부사 (B) Accordingly가 정답이다.

어휘 **be aware that** ~을 알다 **public relations** 홍보 **director** 이사 **temporarily** 임시로 **transfer** 전근 가다 **branch** 지점 **help with** ~을 돕다 **staff training** 직원 교육 **senior** 선임 **department** 부서 **select** ~을 선정하다 **assume** ~을 맡다 **responsibility** 책무 **until** ~까지 **return** 돌아오다 **unfortunately** 안타깝게도 **accordingly** 그에 따라

Day 05 Weekly Test

VOCA

1. (B)	2. (C)	3. (A)	4. (C)	5. (B)
6. (A)	7. (A)	8. (D)		

7.

해석 승객들은 도시 철도가 어떤 분실된 소지품에도 책임이 없다는 것에 주의해야 한다.

해설 빈칸에는 빈칸 앞에 not과 함께 도시 철도가 분실된 소지품에

대해 취하는 태도를 나타낼 어휘가 필요하다. 따라서 '책임이 있는'이라는 뜻의 (A) responsible이 정답이다.

어휘 passenger 승객 railway 철도 be responsible for ~에 책임이 있다 lost 분실된 belongings 소지품 available 이용 가능한 official 공식적인 skillful 숙련된

8.

해석 3개월의 시용 기간 후에, 대부분의 신입 직원들은 정규직을 제안 받는다.

해설 빈칸에는 빈칸 뒤에 제시된 기간 표현과 함께 쓰일 수 있으면서 신입 직원들이 정규직을 제안 받는 시점을 나타낼 어휘가 필요하다. 따라서 '~후에'라는 뜻의 (D) Following이 정답이다.

어휘 trial period 시용 기간 new employee 신입 직원 offer ~을 제안하다 permanent position 정규직 due to ~로 인해 challenge v. 이의를 제기하다, n. 도전 throughout ~내내 following ~후에

LC

1. (B) **2.** (C) **3.** (D) **4.** (D) **5.** (B)
6. (D)

Questions 1-3 refer to the following conversation and tenant information.

W: Hi, this is Abbie from Garment King. **1** You dropped off a suit for dry cleaning a few days ago. I'm just calling to let you know it's ready.

M: Thanks. I'll be there to pick it up around 5 o'clock.

W: **2** I'm very sorry, but your dry cleaning is actually $6. I know our Web site lists it as $5, but I'm afraid that was a mistake.

M: That's not a problem.

W: To apologize for that error, I'm going to deliver your suit myself to your company in the Waverley Industrial Park.

M: Oh really? Thanks. **3** We're located at 22 Dawson Avenue. You can check the tenant information board at the entrance to the industrial park.

··

여: 안녕하세요, 저는 가먼트 킹의 애비입니다. 며칠 전에 당신이 드라이 크리닝을 위해 정장 한 벌을 맡기셨는데요. 그게 준비가 다 되었다고 알려 드리기 위해 전화 드렸습니다.

남: 감사합니다. 5시쯤에 가지러 가겠습니다.

여: 정말 죄송합니다만, 귀하의 드라이클리닝 가격이 사실 6달러입니다. 저희 웹 사이트에는 그게 5달러로 기재되어 있다는 건 알고 있어요, 하지만 그건 실수였어요.

남: 괜찮습니다.

여: 그 실수에 대해 사과드리기 위해, 제가 직접 당신의 정장을 웨이벌리 인더스트리얼 파크에 있는 당신의 회사로 배달해 드릴게요.

남: 오, 정말요? 감사합니다. 저희는 도슨 애비뉴 22번지에 위치해 있어요. 인더스트리얼 파크 입구에 있는 입주사 정보 게시판에서 확인하실 수 있어요.

웨이벌리 인더스트리얼 파크 입주사	
이스턴 테크놀로지	스미스 애비뉴 12번지
파커 엔터프라이즈	로얄 로드 25번지
시스코 일렉트로닉스	핀리 스트리트 10번지
아리스토 시스템즈 주식회사	도슨 애비뉴 22번지

어휘 drop off (옷 등을) 맡기다 suit 정장 list ~을 목록에 올리다, 일람표를 만들다 apologize for ~에 대해 사과하다 error 실수, 오류 be going to do ~할 것이다 deliver ~을 배달하다 be located at ~에 위치해 있다 tenant 세입자 entrance 입구

1. 여자는 어디에서 근무하는가?
(A) 디자인 회사에서
(B) 세탁소에서
(C) 백화점에서
(D) 이사 업체에서

정답 (B)

해설 대화를 시작하면서 여자는 남자가 며칠 전에 정장 한 벌을 드라이 클리닝을 위해 맡겼다(You dropped off a suit for dry cleaning a few days ago)고 말한다. 이를 통해 여자가 드라이 클리닝을 하는 곳, 즉 세탁소에서 근무한다는 것을 알 수 있다. 따라서 (B)가 정답이다.

2. 여자가 사과하는 이유는 무엇인가?
(A) 서비스를 더 이상 제공하지 않는다.
(B) 할인 쿠폰이 만료되었다.
(C) 비용이 잘못 작성되었다.
(D) 물품이 파손되었다.

정답 (C)

해설 대화 중반부에 여자가 사과의 말(I'm very sorry)을 한 이후에 사과를 하는 이유가 언급된다. 서비스 가격은 사실 6달러이며 웹 사이트에는 5달러로 기재되어 있는데, 실수였다(your dry cleaning is actually $6. I know our Web site lists it as $5, but I'm afraid that was a mistake)고 말한다. 이를

통해 여자가 비용이 잘못 기재된 것에 대해 사과한 것임을 알 수 있으므로 (C)가 정답이다.

어휘 **no longer** 더 이상 ~않다 **provide** ~을 제공하다 **discount** 할인 **expire** 만료되다 **incorrectly** 잘못되어, 부정확하게 **damage** ~을 파손하다, 손상시키다

Paraphrase your dry cleaning is actually $6. I know our Web site lists it as $5
→ A cost was listed incorrectly.

3. 시각자료를 보시오. 남자가 일하는 곳은 어느 회사일 것 같은가?
(A) 이스턴 테크놀로지
(B) 파커 엔터프라이즈
(C) 시스코 일렉트로닉스
(D) 아리스토 시스템스 주식회사

정답 (D)
해설 대화 마지막 부분에 남자가 여자에게 자신의 회사 주소를 '22 Dawson Avenue'라고 알려준다. 이 주소를 시각자료인 입주사 정보 게시판에서 확인하면 '아리스토 시스템스 주식회사'임을 확인할 수 있으므로 (D)가 정답이다.

Questions 4-6 refer to the following conversation and map.

M: 4 Our new clients want to meet with us to discuss how we will design their new offices.

W: No problem. 4 They want us to completely renovate and decorate several rooms, right?

M: That's right. 5 They'd like us to go to their offices at 10 A.M. on Wednesday, and they gave me a map and directions. 5 Their company is in the building on Church Street, just next to the post office.

W: Okay, that's not too far from us. Oh, hold on a minute. I'll be interviewing job candidates all morning on Wednesday.

M: In that case, 6 I'll ask the clients to move the meeting to the afternoon.

남: 우리의 새로운 고객분들이 우리가 어떻게 그들의 새 사무실을 디자인할 것인지 논의하기 위해 만나고 싶다고 해요.

여: 문제 없어요. 그분들은 우리가 여러 방들을 완전히 개조하고 장식하기를 원하는 거죠, 그렇죠?

남: 맞습니다. 그분들은 우리가 수요일 오전 10시에 그분들의 사무실로 가기를 원하셔서 지도를 주고 길안내를 해 주셨죠. 그분들의 회사는 처치 스트리트에 우체국 바로 옆 건물에 있어요.

여: 좋아요, 우리가 있는 곳에서 그렇게 멀지 않네요. 아, 잠시만요. 저는 수요일에 오전 내내 입사 지원자들을 면접 보고 있을 거예요.

남: 그러면, 제가 고객들에게 회의를 그날 오후로 바꾸는 것을 요청할게요.

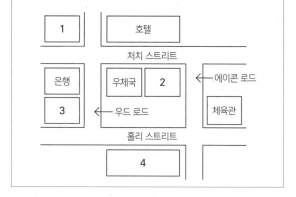

어휘 **completely** 완전히 **renovate** ~을 개조하다 **decorate** ~을 장식하다 **several** 몇몇의 **would like A to do:** A가 ~하길 원하다 **give directions** 길안내를 하다 **next to** ~의 바로 옆에 **interview** ~을 면접하다 **job candidate** 입사 지원자 **in that case** 그러면, 그런 경우에는 **move** ~을 옮기다

4. 화자들은 어디에서 근무하겠는가?
(A) 마케팅 회사에서
(B) 부동산 중개소에서
(C) 소프트웨어 개발사에서
(D) 인테리어 디자인 회사에서

정답 (D)
해설 화자들의 근무 장소를 묻는 문제이므로 업체 이름이나 특정 업무, 서비스 관련 정보를 찾아야 한다. 대화 초반부에 남자가 소속 회사를 our, us, 그리고 we로 지칭해 새로운 고객분들이 그들의 새 사무실을 디자인하는 방법에 대해 논의하기 위해 만나고 싶다고 한다(~ discuss how we will design their new offices)고 말한다. 그러자 여자가 여러 방들을 완전히 개조하고 장식하기를 원하는 것이 맞는지(They want us to completely renovate and decorate several rooms) 확인하는 질문을 한다. 이를 통해 화자들이 소속된 회사에서 공간 내부를 디자인하는 업무를 한다는 것을 알 수 있으므로 인테리어 디자인 회사를 의미하는 (D)가 정답이다.

어휘 **real estate** 부동산 **agency** 업체, 대리점, 대행사

Paraphrase design their new offices, renovate and decorate several rooms → interior design

5. 시각자료를 보시오. 화자들은 수요일에 어느 건물로 갈 것인가?

(A) 건물 1

(B) 건물 2

(C) 건물 3

(D) 건물 4

정답 (B)

해설 대화 중반부에 수요일에 대해 언급하면서 화자들이 고객들과 회의를 하기 위해 고객들의 회사로 찾아갈 것임을 알 수 있다. 그리고 고객사의 위치에 대해 설명하는데, 처치 스트리트에 우체국 바로 옆 건물에 있다(Their company is in the building on the Church Street, just next to the post office)고 말한다. 이에 해당하는 건물을 시각자료인 지도에서 찾아보면 '2번 건물'임을 확인할 수 있으므로 (B)가 정답이다.

6. 남자는 무엇을 하겠다고 제안하는가?

(A) 몇 건의 면접을 진행하는 일

(B) 몇 가지 물품을 주문하는 일

(C) 발표를 준비하는 일

(D) 회의 일정을 재조정하는 일

정답 (D)

해설 남자가 제안하는 일을 묻고 있으므로 남자의 말에서 제안 표현과 함께 언급되는 단서를 찾아야 한다. 대화 맨 마지막에 남자가 회의를 오후로 바꾸는 것을 고객들에게 요청하겠다(I'll ask the clients to move the meeting to the afternoon)고 말한다. 이는 회의 일정을 재조정한다는 뜻이므로 정답은 (D)이다.

어휘 offer to do ~하겠다고 제안하다 conduct ~을 수행하다, 실시하다 order ~을 주문하다 supplies 공급품, 물품 prepare ~을 준비하다 reschedule ~의 일정을 재조정하다, 일정을 변경하다

Paraphrase move the meeting to the afternoon
→ Reschedule a meeting

RC

1. (A)	2. (B)	3. (D)	4. (C)	5. (A)
6. (B)	7. (D)	8. (B)		

1-4.

배너 씨께,

안타깝게도, 7월 1일부로 스포란 패키징 사가 귀하께서 계신 지역의 사무실 문을 닫게 됩니다. 매출이 지속적으로 감소해 왔으며, 해당 지역에서 저희가 계속 사업을 운영하는 것이 이득이 되지 않습니다. **1** 그러므로, 저희는 다른 지역의 사업에 집중하기로 결정했습니다.

저는 버트램 패키징 사를 **2** 대안으로 추천해드리고자 합니다.

버트램 사는 귀하의 매장 인근에 있는 여러 식당에 **3** 적절한 가격으로 서빙용 박스를 제공하고 있습니다.

버트램 사의 제품은 견고하고 신뢰할 수 있는 것으로 잘 알려져 있습니다. 귀하의 샌드위치 매장이 앞으로도 성공하시기를 바랍니다. **4** 저희는 귀사를 고객으로 모실 수 있어 감사했습니다.

안녕히 계십시오.

그레고리 피셔
스포란 패키징

어휘 unfortunately 안타깝게도 as of ~부로 close 문을 닫다 office 사무실 area 지역 sale 매출 steadily 꾸준히 decrease 감소하다 unprofitable 이익이 되지 않는 operate 운영하다 focus on ~에 집중하다 recommend ~을 추천하다 provide ~을 제공하다 near 인근에 product 상품 be renowned for ~로 알려지다 sturdy 견고한 reliable 신뢰할 만한 success 성공

1.

정답 (A)

해설 빈칸 앞에는 특정 지역에서의 매출이 계속 좋지 않아 사업을 그만하겠다는 내용이, 빈칸 뒤엔 다른 지역에서의 사업에 집중하겠다는 내용이므로 빈칸 이후의 내용은 사업 방향 조정에 따른 결과를 말하는 것임을 알 수 있다. 따라서 '그러므로, 따라서'라는 의미를 가진 인과 접속부사 (A) Therefore가 정답이다.

어휘 therefore 그러므로 however 그러나 for instance 예를 들어 yet 그러나

2.

정답 (B)

해설 빈칸 앞에 부정관사가 있으므로 빈칸은 명사 자리이다. 따라서 (B) alternative가 정답이다.

어휘 alternate 번갈아 나오다 alternative 대안 alternatively 대체하여

3.

정답 (D)

해설 빈칸에는 빈칸 뒤에 제시된 '가격'이란 뜻의 명사를 수식하는 형용사로서 가격의 정도를 나타낼 수 있어야 하므로 '(비용이) 적절한, 알맞은'이라는 뜻으로 쓰이는 (D) reasonable이 정답이다.

어휘 potential 잠재적인 accurate 정확한 delighted 기쁜 reasonable 적절한

4.

(A) 저희는 귀사의 결정을 재고해 주시기를 바랍니다.

(B) 저희의 몇몇 샘플들을 귀사에 보내드릴 것입니다.

(C) 저희는 귀사를 고객으로 모실 수 있어 감사했습니다.

(D) 귀사께 가격 견적서를 제공해드릴 수 있어 기쁩니다.

정답 (C)

해설 상대방 회사가 있는 지역에서의 영업을 중단한다는 말과 함께 대체할 수 있는 업체를 소개하면서 그 업체의 장점을 알리는 내용을 담고 있으므로 마지막 인사에 해당하는 의미를 나타내는 (C)가 정답이다.

어휘 reconsider ~을 재고하다 decision 결정 send ~을 보내다 grateful 감사하는 as ~로서 client 고객 happy 기쁜 offer ~을 제공하다 price 가격 estimate 견적서

5-8.

수신: 짐 고든

발신: 팸 데이비스

제목: 귀하의 문의사항

고든 씨께,

저희 매거진을 위한 작가가 되고 싶으시다는 바람을 나타내 주신 것에 대해 감사 드리고자 합니다. **5** 저는 귀하의 샘플 기사들이 상당히 인상적이라고 생각했습니다. 또한 <모던 아키텍처 잡지>에 귀하께서 쓰신 칼럼을 읽어 본 적이 있기 때문에 귀하의 글에 대해서도 알고 있습니다. **6** 그러나, 저희는 현재 어떠한 채용 과정도 진행하고 있지 않습니다. 저희는 종종 프리랜서 업무 단위로 기고자들을 고용하고 있으며, 귀하께서는 저희가 정말로 발간하고자 하는 글을 쓰시는 분이십니다. 저희는 일반적으로 국내 남동부 지역의 생활 양식 및 문화에 초점을 맞춘 짧은 기사들을 **7** 출간한다는 점만 기억해 주시기 바랍니다.

앞으로 귀하로부터 다시 소식을 **8** 들을 수 있기를 고대합니다.

안녕히 계십시오.

팸 데이비스

어휘 express 감정을 나타내다 desire 바람 writer 작가 magazine 잡지 familiar 잘 아는 work 작품 since ~이므로 column 칼럼 기사 hiring 고용 at the moment 현재 often 종종 on a A basis A 기준으로, 단위로 remember ~을 기억하다 typically 일반적으로 article (잡지 등의) 기사 focus on ~에 초점을 맞추다 culture 문화 southeastern 남동부의 look forward to -ing ~하기를 고대하다

5.

(A) 저는 귀하의 샘플 기사들이 상당히 인상적이라고 생각했습니다.

(B) 면접은 12월 12일에 실시될 예정입니다.

(C) 저희는 창의적인 칼럼니스트를 구하고 있습니다.

(D) 저희 정기 구독자의 수가 12,000명이 넘습니다.

정답 (A)

해설 빈칸 뒤에 추가 정보임을 뜻하는 also와 함께 상대방의 글을 잘 알고 있다는 말이 쓰여 있다. 따라서 빈칸에도 상대방의 글과 관련된 내용을 말하는 문장이 필요하므로 샘플 기사가 인상적이라는 의견을 밝히는 (A)가 정답이다.

어휘 impressive 인상적인 be scheduled ~일 예정이다 seek ~을 찾다 creative 창의적인 the number of ~의 수 subscriber (정기) 구독자

6.

정답 (B)

해설 빈칸 앞에는 짐 고든 씨에게 작가가 되고 싶다는 바람을 나타내 준 것에 대해 감사 인사를, 빈칸 뒤에는 현재 채용 과정이 진행 중이지 않다는 내용이 제시되어 있다. 빈칸 앞뒤로 상반된 내용이 나와 있으므로 상반 접속부사 (B) However이 정답이다.

어휘 likewise 마찬가지로 however 그러나 in addition 추가로 as a result 결과적으로

7.

정답 (D)

해설 빈칸에는 빈칸 뒤에 제시된 짧은 기사에 대해 잡지사가 일반적으로 하는 행위를 나타내는 어휘가 들어가야 한다. 따라서 '~을 출간하다'라는 뜻의 (D) publish가 정답이다.

어휘 recruit ~을 채용하다 sign 서명하다 inform ~을 알리다 publish ~을 출간하다

8.

정답 (B)

해설 빈칸 앞에 전치사 to가 있으므로 동명사 (B) hearing이 정답이다.

어휘 hear 소식을 듣다